E-CLIP ①

감성적 창의 주도성 향상 프로그램

동기를 찾자

Motive I

E-CLIP ①

감성적 창의 주도성 향상 프로그램

동기를
찾자

Motive I

초판 1쇄 인쇄 2022년 8월 8일
초판 1쇄 발행 2022년 8월 8일

지은이 송인섭
펴낸이 김선식

경영총괄 김은영
책임편집 박슬기   **디자인** 차다운   **책임마케터** 이석원
연구개발팀장 김재민   **연구개발팀** 박슬기, 차다운, 장민지, 조아리
콘텐트리팀 김길한, 임인선, 이석원, 윤기현
저작권팀 한승빈, 김재원, 이슬
재무관리팀 하미선, 윤이경, 김재경, 오지영, 안혜선
인사총무팀 김혜진, 황호준
제작관리팀 박상민, 최완규, 이지우, 김소영, 김진경, 양지환
물류관리팀 김형기, 김선진, 한유현, 민주홍, 전태환, 전태연, 양문현, 최창우

펴낸곳 다산북스   **출판등록** 2005년 12월 23일 제313-2005-00277호
주소 경기도 파주시 회동길 490
전화 02-704-1724   **팩스** 02-703-2219   **이메일** dasanbooks@dasanbooks.com
홈페이지 www.dasanbooks.com   **블로그** blog.naver.com/dasan_books
다산전인교육캠퍼스 www.dasaneducation.co.kr
종이 IPP   **인쇄** 민언프린텍   **제본** 국일문화사

ISBN 979-11-306-9108-4 (64370)
   979-11-306-9107-7 (세트)

1. 송인섭 교수

세계적인 자기주도학습법 권위자인 송인섭 교수는 숙명여대에서 35년 간 교수로 재직했으며, 현재 동 대학교 명예교수이자 다산전인교육캠퍼스 원장을 맡고 있습니다. 또한 한국교육심리연구회 회장, 한국교육평가학회 회장, 한국영재연구원 원장과 AERA(American Educational Research Association)에서 발행하는 학술지의 논문심사위원을 역임했으며, 70여 권의 교육 저서를 집필했습니다.

송인섭 교수는 주입식 교육이 일반적이었던 한국 교육에 자기주도학습이라는 개념을 최초로 도입해 확산하였으며, EBS 〈교육실험 프로젝트 - 스스로 공부하는 아이 만들기〉, 〈공부의 왕도〉, 〈교육 마당〉 등에 출연하여 자기주도학습의 효과를 입증하였습니다. 그리고 이 내용을 담은 《공부는 전략이다》는 부모 및 교육 관계자들에게 수십만 부 이상 판매되며, 교육계에 새로운 패러다임을 가져왔습니다. 이후로도 20여 년간 《공부는 실천이다》, 《와일드》, 《혼공의 힘》 등 교육 분야의 도서를 출간하고 자기주도학습 강연을 하며 한국 교육을 이끌고 있습니다.

또한 송인섭 교수는 다양한 학습 프로젝트를 수행하며 수십만 명이 넘는 학생과 학부모, 교사를 만나 자기주도적 공부 전략을 소개하고 상담했습니다. 이 과정에서 많은 아이가 공부에 실패를 겪고 상처받는다는 공통점을 발견하였습니다. 아이들은 자신에게 맞는 공부법만 찾으면 충분히 극복할 수 있는 문제임에도 해결 방법을 몰라 고민하고 있었습니다. 이들을 위해 송인섭 교수는 수십만 건의 실제 학습 문제 상황을 수집하고 연구하였습니다. 그 결과 자기주도학습을 바탕으로 각자의 상황에 맞춰 공부하는 힘을 기르는 새로운 학습 프로그램인 《E-CLIP》을 개발하였고, 이 프로그램을 여러 심리 센터에 적용해 높은 성과를 얻고 있습니다.

'**E-CLIP**(Emotional Creative Leadership Improvement Program)'은 실제 교육 현장에서 총 8,950명의 학습자를 대상으로 20년 동안 관찰과 실험, 상담을 통해 얻은 빅데이터로 개발한 '감성적 창의 주도성 향상 프로그램'입니다. 프로그램 연구와 개발에는 자기주도학습법 권위자 송인섭 교수와 다수의 교육심리학 전문 연구진이 참여했습니다.

2. 심리 검사 및 교재 연구

전문 연구 위원(가나다순)

· 김수란 우석대 교수
· 김희정 대구대 교수
· 성소연 호서대 교수
· 이희연 한국교육개발원 책임
· 정유선 아주대 교수
· 최지혜 을지대 교수

· 김누리 목포해양대 교수
· 남궁정 숙명여대 교수
· 안혜진 수원여대 교수
· 정숙희 숙명여대 교수
· 최보라 숙명여대 교수
· 한윤영 숭실대 교수

· 김은영 루터대 교수
· 박소연 숙명여대 교수
· 육진경 루터대 교수
· 정미경 한경대 교수
· 최영미 한경대 교수

3. 심리 검사 및 교재 개발

개발 총괄

· 김영아 다산전인교육캠퍼스 부원장

개발 위원

· 이상섭 건양대학교병원 의학과
· 최이선 닥터맘심리연구소 소장

E-CLIP

Emotional Creative Leadership Improvement Program

감성적 창의 주도성 향상 프로그램

4차 산업혁명 시대에 사회가 바라는 인재상과 역량은 기존과는 전혀 다릅니다. 현존하는 많은 직업이 인공지능(AI)으로 대체되고, 새로운 직업군이 만들어지는 등 직업의 개념이 바뀔 것입니다. 우리는 이런 변화에 대처하기 위해서는 자신만의 특성을 찾고 고유한 능력을 개발해야 합니다. 4차 산업혁명 시대를 대비해 '나는 누구인가?', '나는 어떤 능력을 준비해야 하는가?'에 대한 고민이 필요하며, 그 물음에 대한 해답이 바로 'E-CLIP'입니다.

'E-CLIP'은 자기주도학습의 최고 권위자 송인섭 교수와 수십 명의 연구진이 20년 동안 개발한 '자생력 기반 자기주도학습 프로그램'으로 학습자 고유의 감성적 창의성을 계발하여 스스로 자신이 처한 환경 전반을 이끌어 갈 수 있는 인재를 기르는 교육입니다. E-CLIP의 바탕을 이루는 '자생력(감성적 창의성)'은 하늘에서 뚝 떨어진 새로운 개념도 천재적인 번뜩임 같은 특출한 능력도 아닙니다. 누구나 교육으로 익힐 수 있는 능력입니다. '자생력(감성적 창의성)'은 공부의 기틀을 다지는 힘이며 이것은 기계와 차별화되는 인간만의 본성인 감성에 일상의 다양한 문제와 활동을 새롭게 배열하고 통합하고 연결하는 창의성을 더한 개념입니다. 즉, 인공지능에는 없는 인간다움, 인간만이 할 수 있는 능력인 생각하는 능력, 상상력, 문화, 예술, 철학, 역사의식, 신념과 꿈을 실현하려는 확고한 의지 등이 바로 '자생력(감성적 창의성)'입니다.

E-CLIP 학습자가 된다는 것은 첫째, 학습의 주도권이 외부 환경으로부터 학습자에게 옮겨오는 것을 뜻합니다. 학업 성취 수준과 관계없이 스스로 학습하는 습관을 형성하고 위기를 극복하는 내적인 힘을 키우는 것입니다. 이 내적인 힘은 학습자가 경험하는 다른 상황에도 전이되어 학습자의 내면적 성장을 돕습니다. 둘째, 학습 성향 진단을 통해 문제점을 보완하고 자신에게 맞는 방향을 찾아 잠재 능력을 개발할 수 있습니다. 셋째, 학습자들은 학습 행동을 주도하는 과정을 통해 학습 몰입 경험을 하게 되며 자기 생각을 표현하고 다른 사람과 소통할 수 있는 능력을 기르게 됩니다. 이렇듯 자생력을 기반으로 하는 E-CLIP은 자신의 목표와 가치를 온전히 펼칠 수 있는 최선의 방법이며 전인적 자아실현을 통해 행복한 삶의 길을 열어 줄 것입니다.

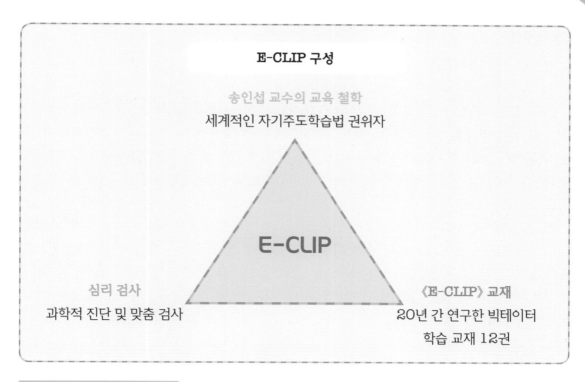

송인섭 교수의 교육 철학

세계적인 자기주도학습법 권위자

송인섭 교수는 지나친 사교육으로 교육의 본질에 대한 심각한 문제가 대두되던 시기에 자기주도학습을 통해 한국 교육에 변화를 불러일으켰습니다. 그 후 수십 명의 전문 연구진과 교육심리학 이론을 배경으로 학습자들을 개별 관찰, 상담하며 학습자가 공부를 하는 이유와 배경이 무엇인지 찾는 과정에서 자생력이라는 개념을 새롭게 정의했습니다.

송인섭 교수의 교육 철학이 그대로 담긴 자생력은 인간만의 고유한 능력인 감성에 창의성을 겸비한 것으로, 심리학에서 가져온 개념입니다. 자생력의 뿌리가 되는 구성인자는 통찰력 있는 창의성, 통찰력 있는 융합, 통찰력 있는 리더십입니다. 통찰은 개개인의 능력이나 환경에 좌우되지 않고 경험의 축적과 노력 여하에 따라 향상될 수 있는 지극히 감성적인 요소입니다. 통찰 위에 창의적인 생각이 움트고, 정보와 지식을 연결하는 융합적 사고와 사회적 리더십을 발휘할 때 비로소 자생력이 완성됩니다.

이를 바탕으로 개발된 'E-CLIP'은 세계적인 자기주도학습법 권위자 송인섭 교수의 20년 연구 결정체입니다. 자생력을 과학적으로 측정하기 위한 심리 검사와 자생력을 증진하고 계발하기 위한 《E-CLIP》 교재의 상호작용을 통해 학습자의 '공부하는 힘'을 향상시키고 있습니다.

과학적 진단 및 맞춤 검사

심리 검사는 학습자가 가지고 있는 '감성적 창의 주도성' 수준을 과학적으로 진단해서 현재 강점과 약점을 확인하는 도구입니다. 학습자의 특성을 정확하게 진단하고 이를 토대로 교육 프로그램을 이수하는 데 목적이 있습니다. 학습자는 심리 검사의 개인 맞춤형 성향 분석 및 결과를 바탕으로, 교육심리 전문가와의 1 대 1 상담을 통해 학습 문제를 이해하고 학습 방향을 설계할 수 있습니다.

검사는 종합적 자생력 검사 1종과 동기, 인지, 몰입, 자아존중감 등 개별 검사 5종으로 구성되어 있습니다. 동기 검사는 《E-CLIP》 1권, 인지 검사는 《E-CLIP》 2권과 3권, 동기 심화 검사는 《E-CLIP》 4권, 몰입 검사는 《E-CLIP》 5권, 자아존중감 검사는 《E-CLIP》 6권과 연결되어 있습니다. 그리고 종합적 자생력 검사는 《E-CLIP》 1~12권에 나오는 모든 특성을 점검할 수 있는 검사로, 《E-CLIP》 시작 전과 후에 각각 검사하면 학습자의 '감성적 창의 주도성' 변화를 알아볼 수 있습니다.

심리 검사 방법

심리 검사는 간편하고 빠르게 개인별 수준을 점검할 수 있는 'Short-Form 무료 검사'와 표준화된 검사 시스템인 'Long-Form 심층 검사'로 나뉩니다. 각 검사의 이용 방법은 아래와 같습니다.

Short-Form 무료 검사

다산전인교육캠퍼스 홈페이지(www.dasaneducation.co.kr)에서 PDF 다운로드를 통해 무료로 검사할 수 있습니다. 즉각적인 진단을 통해 바로 《E-CLIP》 학습을 원하는 경우에 추천합니다.

PDF 다운로드

www.dasaneducation.co.kr 접속 〉 심리 검사 〉 Short-Form 무료 검사

Long-Form 심층 검사

다산전인교육캠퍼스 홈페이지(www.dasaneducation.co.kr)에서 오프라인 심층 검사를 신청할 수 있습니다. 전문적인 검사로 학습자의 특성을 깊이 있게 파악하고, 전문가의 상담을 원하는 경우에 추천합니다.

신청 및 이용 방법

www.dasaneducation.co.kr 접속 〉 심리 검사 〉 Long-Form 심층 검사

《E-CLIP》 교재

20년 간 연구한 빅데이터 학습 교재 12권

《E-CLIP》은 송인섭 교수가 전문 연구진들과 8,950명의 학습자를 대상으로 20년 간 연구한 결과물에 학습 만화 《who?》의 위인 이야기를 더해서, 쉽고 재미있게 감성적 창의 주도성을 높이는 학습서입니다. 본 교재는 1~12권으로 나누어져 있으며, 심리 검사 결과를 바탕으로 학습자 수준에 맞춰 권 별 집중 학습 및 개별 수업을 진행할 수 있습니다.

《E-CLIP》의 주제

권	주제	학습 목표	프로그램		
			학습 동기 향상 프로그램	학습 목표 향상 프로그램	진로 설계 향상 프로그램
1	동기	능동적 학습의 시작	1단계 집중 학습		
2	인지	자생적 인지 학습			
3	인지 심화	인지 능력 향상		2단계 집중 학습	
4	동기 심화	동기 향상 및 유지			
5	몰입	깊은 학습 몰입			
6	자아존중감	내면적 성숙			
7	창의성	창의성 계발			3단계 집중 학습
8	창의성 심화	창의성 학습 확장			
9	감성	감성 계발			
10	감성 심화	정서 발달 촉진			
11	사회성	사회성 계발			
12	사회성 심화	사회성 증진			

1. 도입

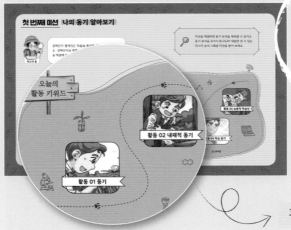

세계 위인과 함께 떠나는 탐험 미션입니다.
미션 속 5가지 활동을 키워드로 살펴봅니다.

활동 키워드로 미션 시작하기

2. 활동

위인 이야기로 활동 알아보기

이야기로 흥미를 유발하고, 활동 문제를 풀면서 E-CLIP 개념을 내재화합니다.

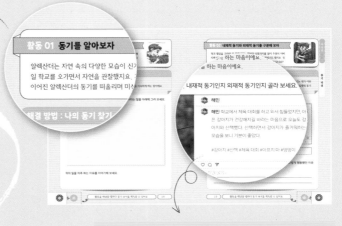

E-CLIP 개념으로 활동 문제 풀기

1. 전문적이다! 송인섭 교수의 '공부의 힘을 기르는 20년 연구 완결판'
2. 체계적이다! '개인별 진단 심리 검사'와 '맞춤형 학습 교재'로 만나는 진짜 솔루션
3. 재미있다! '학습 만화 《who?》의 위인'과 함께 떠나는 미션 대탐험

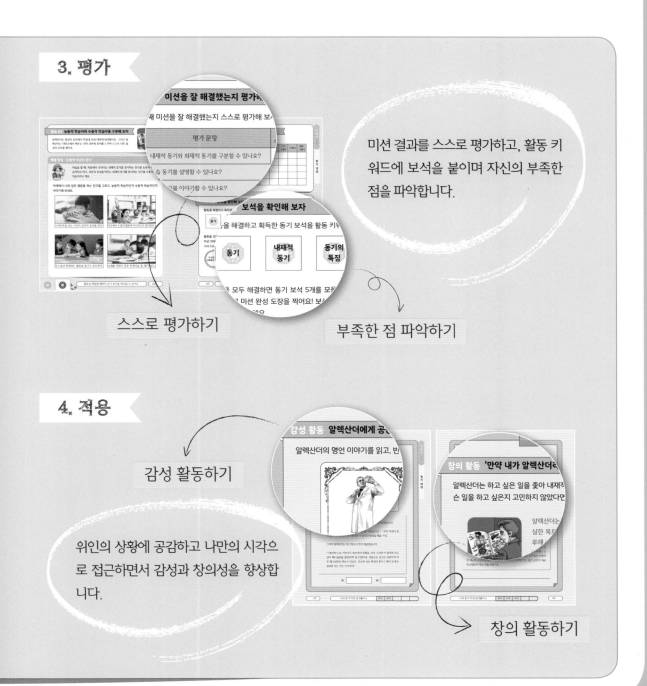

3. 평가

미션 결과를 스스로 평가하고, 활동 키워드에 보석을 붙이며 자신의 부족한 점을 파악합니다.

스스로 평가하기

부족한 점 파악하기

4. 적용

감성 활동하기

위인의 상황에 공감하고 나만의 시각으로 접근하면서 감성과 창의성을 향상합니다.

창의 활동하기

차례

E-CLIP 연구진
E-CLIP 소개
이 책의 구성과 특징

세계 위인과 함께 해결하는
자생력 UP **동기 미션**

세계 위인을 만나는
자생력 UP **동기 이야기**

부록
미션 가이드

세계 위인과 함께 해결하는

자생력 UP

알렉산더 플레밍과 함께 동기 보석을 모으자!

등장인물

마스터 송

생애 : 미스터리

국적 : 한국

직업 : 아이들이 미션을 해결하는 데
      도움을 주는 안내자

알렉산더 플레밍

생애 : 1881~1955년

국적 : 영국

직업 : 의사, 미생물학자

주요 업적 : 페니실린을 발견해서
          1945년 노벨 생리·의학상을 수상함.

알렉산더 플레밍과 함께 동기 보석을 모으자!

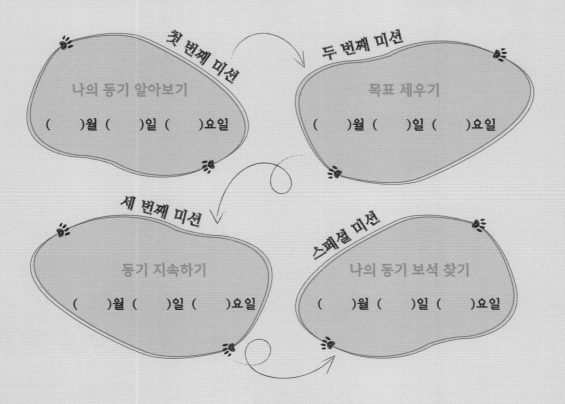

첫 번째 미션
나의 동기 알아보기
( )월 ( )일 ( )요일

두 번째 미션
목표 세우기
( )월 ( )일 ( )요일

세 번째 미션
동기 지속하기
( )월 ( )일 ( )요일

스페셜 미션
나의 동기 보석 찾기
( )월 ( )일 ( )요일

 위인 이야기

한적한 시골 마을에서 태어나 자연 속에서 어린 시절을 보낸 알렉산더
플레밍! 비록 늦은 나이에 꿈을 찾아 의과 대학에 입학했지만, 뛰어
난 관찰력으로 페니실린을 발견할 수 있었어요.

첫 번째 미션 나의 동기 알아보기

마스터 송

알렉산더 플레밍은 마음속 동기로 꿈을 이룬 사람이에요. 알렉산더와 함께 동기가 무엇인지 알아보면서 미션을 해결해 보세요!

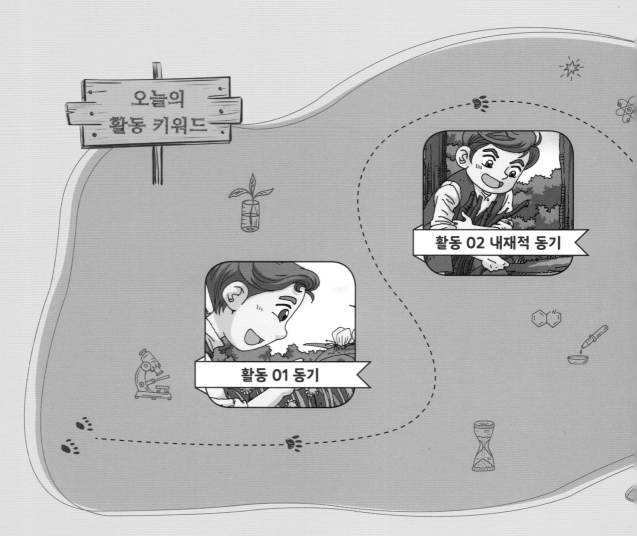

오늘의
활동 키워드

활동 02 내재적 동기

활동 01 동기

미션을 해결하면 동기 보석을 획득할 수 있어요.
동기 보석을 모아서 E-CLIP 대원만 알 수 있는
마스터 송의 스페셜 미션을 받아 보세요.

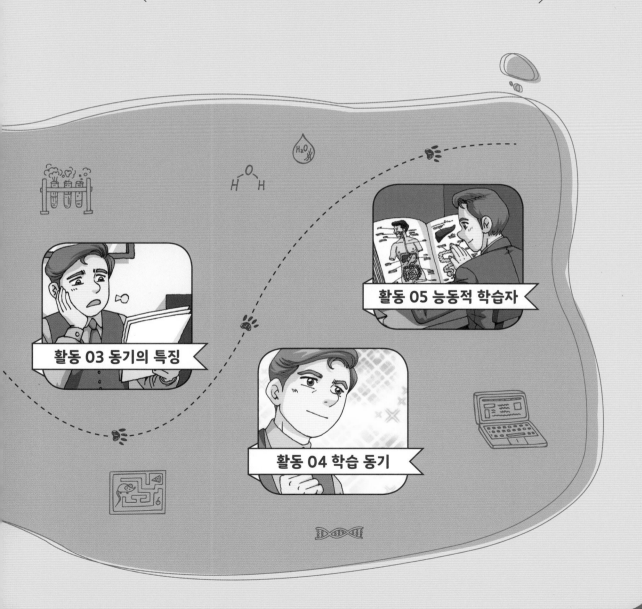

활동 05 능동적 학습자

활동 03 동기의 특징

활동 04 학습 동기

활동 01 동기를 알아보자

알렉산더는 자연 속의 다양한 모습이 신기하고 재미있었어요. 그래서 매일 학교를 오가면서 자연을 관찰했지요. 자연에 대한 흥미가 자연 탐구로 이어진 알렉산더의 동기를 떠올리며 미션을 해결해 보세요.

해결 방법 : 나의 동기 찾기

동기는 어떤 행동을 하거나 방향을 결정하고, 이것을 지속하게 하는 힘이에요.

알렉산더가 자연을 관찰하는 것처럼 내가 자주 하고 좋아하는 일을 아래에 그려 보세요.

위의 일을 자주 하는 이유를 이야기해 보세요.

활동 02 내재적 동기와 외재적 동기를 구분해 보자

형과 땔감을 구하러 간 알렉산더는 형보다 나뭇가지를 많이 주워서 아버지께 칭찬을 받으려고 했어요. 그러다가 가시에 팔을 찔리기도 했지요. 칭찬을 받으려고 나뭇가지를 많이 주운 알렉산더처럼 행동한 적이 있나요?

해결 방법 : 동기 구분하기

동기는 내재적 동기와 외재적 동기로 나눌 수 있어요. 내재적 동기는 내가 어떤 일에 흥미를 느끼고 그 일이 좋아서 하는 마음이에요. 이와 달리, 외재적 동기는 보상을 바라고 어떤 일을 하는 마음이에요.

아래 글을 읽고 해민이의 동기는 내재적 동기인지 외재적 동기인지 골라 보세요.

> 🔷 **해민**   …
>
> 🔷 **해민** 학교에서 체육 대회를 하고 와서 힘들었지만, 아픈 강아지가 건강해지길 바라는 마음으로 오늘도 강아지와 산책했다. 산책하면서 강아지가 즐거워하는 모습을 보니 기분이 좋았다.
>
> #강아지 #산책 #체육 대회 #아프지 마 #멍멍이
>
> ♡ 💬 ✈   🔖
> ☺ 댓글 달기 …   게시

내재적 동기	외재적 동기

알렉산더나 해민이와 같은 일을 경험한 적이 있는지 생각해 보고, 그렇게 행동했던 이유가 내재적 동기 때문인지 외재적 동기 때문인지 써 보세요.

_____

_____

활동을 해결할 때마다 동기 보석을 획득할 수 있어요.

활동 03 동기 실험으로 동기의 특징을 알아보자

알렉산더는 서류 정리와 회계를 잘했지만, 일이 지루하고 따분했어요. 하고 싶은 일을 고민하다가 어린 시절 꿈을 떠올린 알렉산더는 여전히 설레는 의사의 길을 선택했지요. 이처럼 오래 지속되는 동기는 무엇일까요?

해결 방법 : 실험 완성하기

내재적 동기는 마음에서 즐거움을 찾기 때문에 시간이 지나도 계속해서 집중할 수 있어요. 하지만 외재적 동기는 보상을 목적으로 하므로 일시적일 수 있어요.

아래 실험에서 각 반 아이들의 몰입이 계속 유지될지 감소할지 고르고, 빈칸을 채워 실험 결과를 완성해 보세요.

심리학자 레퍼와 그린은 그림 그리기를 좋아하는 유치원생 아이들에게 동기에 대해 실험을 했습니다. 아이들을 세 반으로 나누고 아이들이 하는 활동에 보상이 있을 때의 변화를 관찰했습니다.

1반	2반	3반
그림을 잘 그리는 아이에게 상을 주기로 함.	상에 관해 이야기하지 않음.	상에 관해 이야기하지 않음.

모든 아이에게 그림을 그리게 함.

1반	2반	3반
그림을 잘 그린 순위에 따라 상을 줌.	그림을 그린 모두에게 상을 줌.	모두에게 상을 주지 않음.

2주 뒤, 모든 아이에게 상이 없다고 이야기하고 다시 그림을 그리게 함.

몰입 (유지 / (감소))	몰입 (유지 / 감소)	몰입 (유지 / 감소)

실험 결과로 볼 때, ⬜ 동기만 우선하면 ⬜ 동기가 사라진다는 것을 알 수 있습니다.

활동을 해결할 때마다 동기 보석을 획득할 수 있어요.

활동 04 학습 동기를 찾아보자

아픈 사람과 아픈 동물을 모두 낫게 해 주는 의사가 되고 싶었던 알렉산더는 꿈을 펼치기 위해 대학에 가서 의학 지식을 쌓기로 마음먹었어요. 알렉산더의 선택을 생각하면서 미션을 해결해 보세요.

해결 방법 : 인물의 학습 동기 찾기

내가 하고 싶은 일을 하게 움직이는 마음은 학습으로도 연결할 수 있어요. 뛰어난 학습 능력이 나타나려면 이에 맞는 동기가 필요해요. 학습 동기는 무언가를 배우려는 힘으로, 동기를 가지고 일정한 학습을 지속하는 것이에요.

아래에서 알렉산더의 학습 동기를 나타내는 문장을 찾아 밑줄 긋고, 나의 학습 동기를 이야기해 보세요.

> 어느 날, 농장의 양을 돌보던 알렉산더는 절뚝이는 양을 보았어요. 알렉산더는 상처가 난 양의 다리를 손수건으로 묶어 주었지요. 그런데 며칠 뒤, 이를 본 형이 소리쳤어요.
>
> "양이 다쳤으면 바로 말했어야지. 양이 이렇게 될 때까지 그냥 놔두면 어떡하니?"
> "그냥 놔두지 않았어. 내가 상처를 치료해 줬단 말이야."
> "더러운 손수건으로 다리를 감싸면 상처가 세균에 감염되잖아. 소독약을 쓰기에는 이미 너무 늦었어."
> "그럼…, 저 양은 어떻게 되는 거야?"
> "스스로 낫지 않으면 죽을 수도 있어."
> "뭐? 아빠처럼 양이 죽는다고?"
> "양은 내가 꼭 치료해 주고 싶었는데…. 미안해, 양아. 내가 이다음에 어른이 되면, 의사가 될게. 그래서 아픈 사람도, 아픈 동물도 모두 오래 살 수 있게 치료해 줄 거야."
>
> 훗날, 알렉산더는 이 다짐을 잊지 않고 열심히 공부해서 훌륭한 의사가 되었어요.

알렉산더는 열심히 공부해서 마침내 의과 대학에 합격했어요. 그리고 알렉산더는 대학교에서 배우는 의학 과목에 흥미를 느끼며 스스로 더욱 열심히 공부를 했지요.

해결 방법 : 능동적 학습자 찾기

학습을 할 때, 마음에서 우러나는 내재적 동기를 중시하는 친구를 능동적 학습자라고 하고, 외부의 보상을 따르는 외재적 동기를 중시하는 친구를 수동적 학습자라고 해요.

아래에서 나와 같은 행동을 하는 친구를 고르고, 능동적 학습자인지 수동적 학습자인지 이야기해 보세요.

스마트폰을 보는 시간이 있어야 공부를 한다.

학교에서 수업과 활동에 적극적으로 참여한다.

친구들과 함께하는 활동을 즐기고 주도한다.

숙제를 하면서 종종 딴생각을 할 때가 있다.

활동을 해결할 때마다 동기 보석을 획득할 수 있어요.

미션 평가 미션을 잘 해결했는지 평가해 보자

첫 번째 미션을 잘 해결했는지 스스로 평가해 보세요.

평가 문항	매우 아니다	아니다	그저 그렇다	그렇다	매우 그렇다
1. 내재적 동기와 외재적 동기를 구분할 수 있나요?					
2. 학습 동기를 설명할 수 있나요?					
3. 나의 동기를 이야기할 수 있나요?					
4. 첫 번째 미션에 흥미를 가지고 참여했나요?					
5. 첫 번째 미션에 최선을 다하여 참여했나요?					

미션 완성 보석을 확인해 보자

활동을 해결하고 획득한 동기 보석을 활동 키워드에 맞게 붙여 보세요.

활동을 모두 해결하면 동기 보석 5개를 모을 수 있어요. 보석을 모두 획득하면, 첫 번째 미션 칸에 미션 완성 도장을 찍어요! 보석을 모두 획득하지 못했으면, 그 활동으로 돌아가서 다시 학습해요.

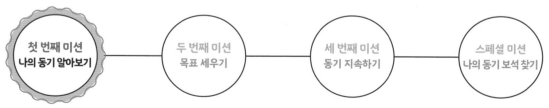

활동을 해결하면서 모은 동기 보석을 모두 붙여 보세요!

두 번째 미션 목표 세우기

마스터 송

어른이 되면 꼭 이루고 싶은 목표가 있나요? 목표를 세우고 차근차근 이루어 나간 알렉산더 플레밍과 함께 나의 목표를 세우는 미션을 해결해 보세요!

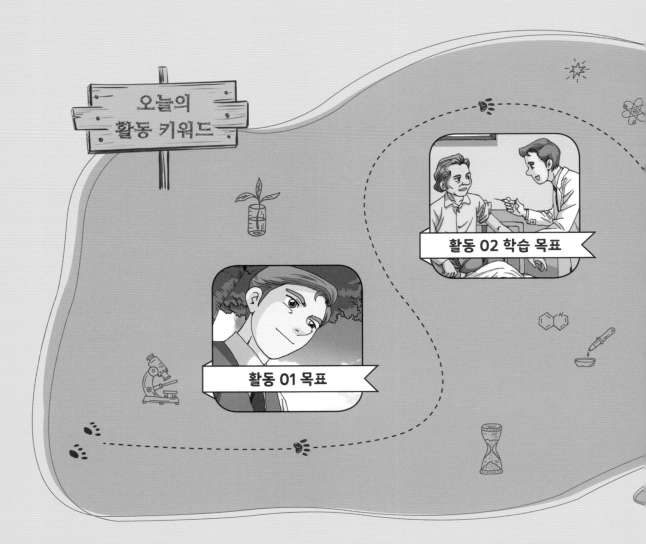

오늘의
활동 키워드

활동 02 학습 목표

활동 01 목표

미션을 해결하면 동기 보석을 획득할 수 있어요.
동기 보석을 모아서 E-CLIP 대원만 알 수 있는
마스터 송의 스페셜 미션을 받아 보세요.

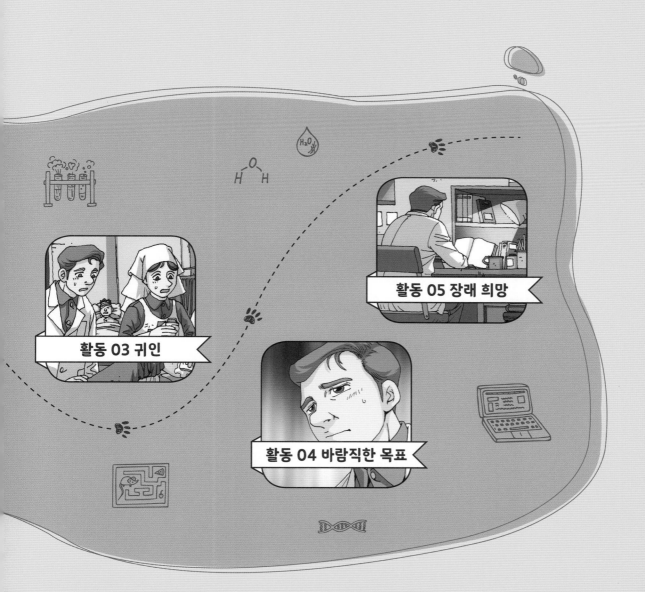

활동 05 장래 희망

활동 03 귀인

활동 04 바람직한 목표

알렉산더는 우수한 성적으로 의과 대학의 마지막 시험을 통과했어요. 그리고 의사가 되기 위해 병실과 응급실에서 실습하면서 배움을 얻겠다는 목표를 세웠어요. 알렉산더의 목표를 떠올리며 미션을 해결해 보세요.

해결 방법 : 목표 분류하기

동기에는 심리적 목표와 실천적 목표가 있어요. 심리적 목표는 어떤 일을 할 때 마음속으로 갖는 목표로, 학습 목표와 평가 목표로 나뉘어요. 실천적 목표는 꿈을 이루기 위한 계획으로 중·단기 목표와 장기 목표로 나뉘지요.

아래 표를 살펴보고, 친구들의 목표가 각각 어떤 목표인지 선으로 이어 보세요.

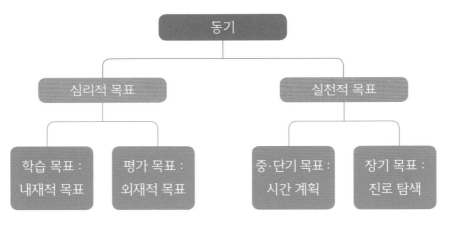

선호 : 국어 시험에서 100점을 맞으면 선생님께서 칭찬해 주실 거야.

ㆍ   ㆍ   학습 목표

슬기 : 나는 식물 연구가가 될 거야. 꽃과 나무가 좋아서 오래전부터 식물을 탐구해 보고 싶었어.

ㆍ   ㆍ   평가 목표

활동 02 학습 목표와 평가 목표를 분류해 보자

알렉산더는 어린 시절 꿈이었던 외과 의사가 되기 위해 병원 실습과 연구실 생활 중 어느 것도 게을리하지 않았어요. 꿈을 이루기 위한 학습 목표는 아무리 긴 시간과 노력이 들어도 계속 지속되는 힘을 가지고 있어요.

해결 방법 : 목표의 종류 구분하기

학습 목표는 하고 싶은 일을 이루기 위해 세우는 목표로, 오랜 시간 지속되는 특징이 있어요. 하지만 평가 목표는 칭찬이나 상을 받기 위한 목표라서 일시적이에요.

아래 표에서 내가 공부하는 이유를 모두 골라 ○표 하고, 내가 공부하는 이유 중 학습 목표는 몇 개인지 써 보세요.

공부하는 이유	표시
1. 부모님이 내가 공부를 잘하기를 원하신다.	
2. 공부를 잘하면, 주변에서 인정해 준다.	
3. 친구들과의 경쟁에서 이길 수 있다.	
4. 상을 많이 받을 수 있다.	
5. 나의 궁금증을 해결할 수 있다.	
6. 목표를 달성하는 일이 즐겁다.	
7. 다양한 지식을 쌓을 수 있다.	
8. 나의 꿈을 이룰 수 있다.	
9. 새로운 내용을 배우는 것이 재미있다.	
10. 좋은 성적을 낼 수 있다.	

나의 학습 목표	개

활동을 해결할 때마다 동기 보석을 획득할 수 있어요.

제1차 세계대전에 의사로 파견되었던 알렉산더는 전쟁 상황에서도 최선을 다해 사람들을 치료하고 병을 연구했어요. 알렉산더는 노력하면 아픈 사람들을 모두 낫게 할 수 있다는 마음으로 힘든 상황을 이겨냈지요.

해결 방법 : 귀인 사다리 타기

귀인은 행동의 원인이 무엇이라고 판단하는 과정을 설명하는 이론이에요. 행동의 원인은 스스로 통제가 가능한 원인과 스스로 통제가 불가능한 원인이 있어요.

귀인 성향을 나타내는 네 가지 종류가 있어요. 사다리를 따라 내려가서 각각의 특징을 큰 소리로 읽어 보세요.

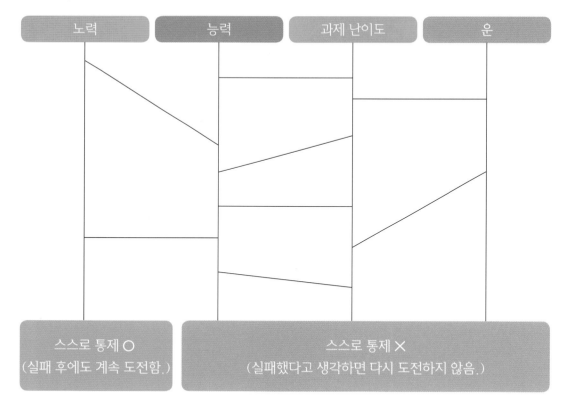

노력 능력 과제 난이도 운

스스로 통제 ○
(실패 후에도 계속 도전함.)

스스로 통제 ✕
(실패했다고 생각하면 다시 도전하지 않음.)

활동 04 바람직한 목표를 설정하자

알렉산더는 아픈 사람들을 치료하고 싶다는 마음을 가지고 연구했어요. 그리고 몸에는 해를 끼치지 않으면서 세균만 죽이는 방법을 찾겠다는 학습 목표를 세웠지요. 나의 목표를 생각하면서 미션을 해결해 보세요.

해결 방법 : 나의 목표와 귀인 찾기

학습 목표를 가진 사람들의 귀인 성향은 노력이에요. 그래서 실패해도 노력이 부족하기 때문이라고 생각해서 다시 도전해요. 하지만 평가 목표를 가진 사람은 실패하면, 능력이 부족하다고 생각할 때가 많아 쉽게 좌절해요.

빈칸에 보기 와 같이 평소에 내가 하는 일의 목표를 쓰고, 목표의 종류를 골라 보세요.

보기

목표	목표의 종류
민아 : 태양계 행성의 특징을 모두 공부할 거야. 우주를 알아 가는 것이 재미있거든.	⃝학습 목표⃝ / 평가 목표
연우 : 국어 점수를 10점 더 올려서 반에서 1등을 하고 싶어!	학습 목표 / ⃝평가 목표⃝

나의 목표	목표의 종류
	학습 목표 / 평가 목표

나는 빈칸에 쓴 목표를 달성하지 못했을 때, 행동의 원인을 어디에서 찾는지 골라 보세요.

노력	능력	과제 난이도	운

활동을 해결할 때마다 동기 보석을 획득할 수 있어요.

알렉산더는 열심히 수업을 듣고 실습에 참여해서 의사의 꿈을 이루었어요. 그리고 치료법을 찾겠다는 새로운 꿈을 이루기 위해 매일 연구실에서 몰두했지요. 알렉산더처럼 꿈을 고민하며 미션을 해결해 보세요.

해결 방법 : 나무 완성하기

목표를 세우기 위해서는 꿈을 찾고 장래 희망을 생각해 보는 일이 중요해요. 장래 희망을 기준으로 다양한 정보를 찾아보고 꿈을 이루기 위한 목표로 학습 목표와 중·단기 목표, 장기 목표 등을 세울 수 있어요.

나는 미래에 어떤 일을 하고 싶은지 떠올리면서, 아래 나무를 완성해 보세요.

　나의 장래 희망 :

　장래 희망을 선택한 이유 :

　꿈을 이루기 위한 노력 :

미션 평가 미션을 잘 해결했는지 평가해 보자

두 번째 미션을 잘 해결했는지 스스로 평가해 보세요.

평가 문항	매우 아니다	아니다	그저 그렇다	그렇다	매우 그렇다
1. 학습 목표와 평가 목표를 구분할 수 있나요?					
2. 귀인을 분류할 수 있나요?					
3. 나의 학습 목표를 이야기할 수 있나요?					
4. 두 번째 미션에 흥미를 가지고 참여했나요?					
5. 두 번째 미션에 최선을 다하여 참여했나요?					

미션 완성 보석을 확인해 보자

활동을 해결하고 획득한 동기 보석을 활동 키워드에 맞게 붙여 보세요.

 목표

 학습 목표

 귀인

바람직한 목표

 장래 희망

활동을 모두 해결하면 동기 보석 5개를 모을 수 있어요. 보석을 모두 획득하면, 두 번째 미션 칸에 미션 완성 도장을 찍어요! 보석을 모두 획득하지 못했으면, 그 활동으로 돌아가서 다시 학습해요.

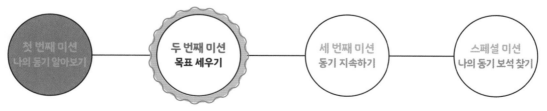

첫 번째 미션 나의 동기 알아보기 ─ 두 번째 미션 목표 세우기 ─ 세 번째 미션 동기 지속하기 ─ 스페셜 미션 나의 동기 보석 찾기

활동을 해결하면서 모은 동기 보석을 모두 붙여 보세요!

세 번째 미션 동기 지속하기

마스터 송

실패할까 봐 두려워 시작하지 못한 적이 있나요? 실패를 이겨내고 작은 성공도 소중히 여긴 알렉산더 플레밍을 보면서 나의 동기를 펼쳐 보세요.

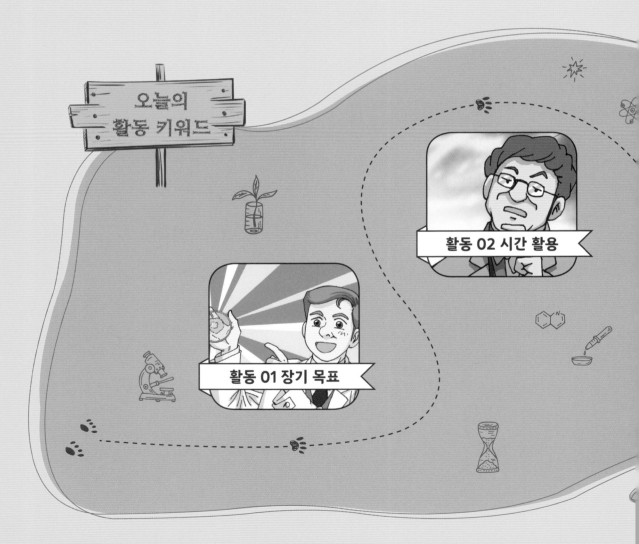

오늘의
활동 키워드

활동 02 시간 활용

활동 01 장기 목표

미션을 해결하면 동기 보석을 획득할 수 있어요.
동기 보석을 모아서 E-CLIP 대원만 알 수 있는
마스터 송의 스페셜 미션을 받아 보세요.

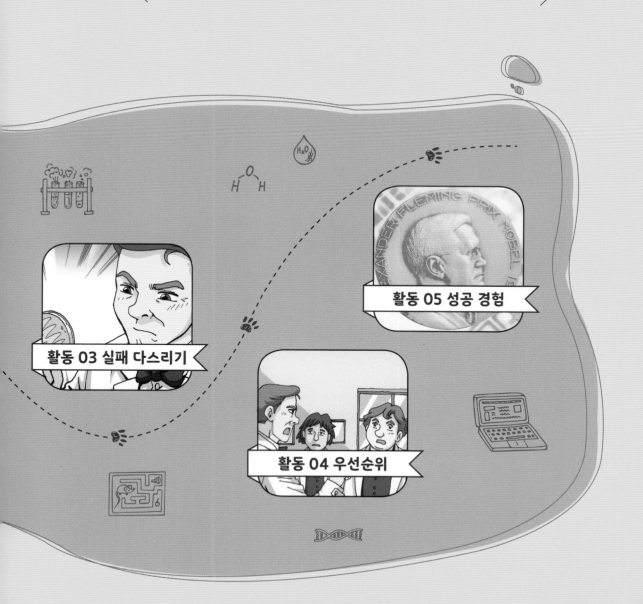

활동 03 실패 다스리기

활동 04 우선순위

활동 05 성공 경험

활동 01 중·단기 목표와 장기 목표를 분류해 보자

알렉산더는 세균에 감염되어 죽는 사람들이 없게 치료법을 찾겠다는 장기 목표를 세우고, 실험해 나가는 과정을 중·단기 목표로 세웠어요. 알렉산더처럼 두 종류의 목표를 모두 세우면서 미션을 해결해 볼까요?

해결 방법 : 목표 분류하기

중·단기 목표는 현재의 노력으로 이룰 수 있는 목표이고, 장기 목표는 1년 이상 오랜 시간이 걸리는 목표예요. 중·단기 목표와 장기 목표를 모두 세워야 꿈을 이룰 수 있어요.

나의 꿈을 이루기 위한 목표를 세워 보세요. 그리고 중·단기 목표에는 '단', 장기 목표에는 '장'이라고 써 보세요.

나의 꿈 :	
꿈을 이루기 위한 목표	표시
1	
2	
3	
4	
5	

활동을 해결할 때마다 동기 보석을 획득할 수 있어요.

활동 02 나의 시간을 알차게 활용하자

알렉산더는 사람의 몸에 스스로 세균을 죽이는 성질이 있다고 발표했어요. 하지만 당시 과학자들은 관심을 두지 않았고 발표를 들은 시간이 낭비라고 생각했지요. 시간은 공평하지만, 사람마다 다르게 느낄 수 있어요.

해결 방법 : 나의 하루 기록하기

우리 모두에게는 하루 24시간이 주어져요. 시간 계획을 어떻게 세우는지에 따라 각자의 하루는 매우 다를 수 있어요.

나의 하루 시간표를 만들어 보세요.

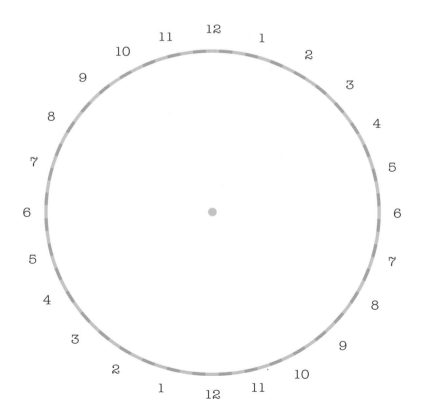

위의 시간표를 보고 더 늘리거나 줄여야 하는 활동을 고르고, 그 이유를 이야기해 보세요.

활동을 해결할 때마다 동기 보석을 획득할 수 있어요.

알렉산더는 푸른곰팡이가 위험한 병을 일으키는 세균을 죽이는 것을 발견했어요. 하지만 사람에게 쓸 수 있게 바꾸는 일에 계속 실패했지요. 그럼에도 알렉산더는 실험을 계속하면서 다른 과학자들의 실험을 도왔어요.

해결 방법 : 실패를 다스리는 법 찾기

목표를 설정하고 달성해 가는 과정에서 누구나 실패를 경험할 수 있어요. 이때 실패를 잘 다스리지 못하는 사람들은 꿈을 이루지 못하기도 해요. 실패를 배움의 과정으로 여기는 마음가짐이 필요해요.

아래 이야기를 읽으면서 실패에 대한 에디슨의 대답에 밑줄을 긋고, 에디슨이 실패를 어떻게 다스렸는지 이야기해 보세요.

토머스 에디슨이 발명한 백열전구를 공개하는 자리에서 기자가 물었습니다.

"전구를 발명하기까지 2,000번이나 실패하셨다고 들었습니다. 어떻게 포기하지 않고 실패를 극복하셨나요?"

그러자 에디슨이 대답했습니다.

"나는 단지 전구가 빛을 내지 않는 2,000가지 원리를 알아냈을 뿐입니다."

에디슨은 웃으며 과거를 회상했습니다. 1878년, 에디슨은 전기 조명 회사를 설립하고 전기를 이용한 전구를 만들었습니다. 많은 투자를 받고 연구를 시작했지만, 전구 속 필라멘트를 오랜 시간 밝게 태우는 일은 쉽지 않았습니다. 거듭 연구에 실패했고 에디슨의 건강마저 안 좋아졌습니다. 그럼에도 끊임없이 실험하던 에디슨은 1879년 12월, 마침내 필라멘트에 꼭 필요한 탄화면사를 찾아냈습니다. 탄화면사 필라멘트로 만든 전구는 45시간 동안 꺼지지 않았습니다. 에디슨은 여기에 그치지 않고 더 저렴하고 긴 시간 빛을 낼 수 있는 필라멘트를 찾았고, 대나무 필라멘트를 이용해 1,000시간 이상 안정적으로 빛을 낼 수 있는 백열전구를 개발했습니다.

활동 04 우선순위를 정해 보자

알렉산더는 푸른곰팡이를 많이 배양해서, 다른 실험실에서도 필요한 만큼 가져가 연구할 수 있게 했어요. 알렉산더는 자신의 명성보다 사람들의 병을 낫게 할 치료제 개발을 더 중요하고 긴급한 우선순위에 두었지요.

해결 방법 : 우선순위 표 완성하기

시간을 계획할 때는 우선순위를 정해요. 우선순위는 여러 가지 일 중 중요성과 긴급성 등에 따라 먼저 하는 순서를 말해요.

해야 할 일은 많은데 시간이 한정되어 있을 때는 우선순위를 따라요. 빈칸에 내일의 계획을 나누어 써서 나만의 우선순위 표를 완성해 보세요.

① 중요하면서 긴급한 일	중요성 ○	② 중요하지만 긴급하지 않은 일
긴급성 ○	우선순위	긴급성 ✕
③ 중요하지 않지만 긴급한 일	중요성 ✕	④ 중요하지도 긴급하지도 않은 일

오른쪽 아래 칸에 쓴 일은 나의 시간을 방해하는 '시간 도둑'이에요. 시간 도둑을 없앨 방법을 이야기해 보세요.

활동을 해결할 때마다 동기 보석을 획득할 수 있어요.

활동 05 성공 경험을 써 보자

알렉산더는 라이소자임 발견과 푸른곰팡이 발견을 모두 작은 성공으로 여기며 계속 연구했어요. 그리고 마침내 푸른곰팡이에서 추출한 페니실린으로 사람을 치료하는 데 성공한 알렉산더는 노벨상을 받았지요.

해결 방법 : 알렉산더가 보낸 쪽지에 답장하기

자기충족적 예언은 어떤 목표가 이루어질 것이라는 믿음을 가지고 노력해서, 목표를 현실로 만드는 것이에요. 작은 성공의 성취감을 기억하고 자신감을 가지면 꿈꾸는 목표를 현실로 실현할 수 있어요.

알렉산더에게 '할 수 있어' 쪽지가 왔어요. 빈칸에 나의 성공 경험을 써서 알렉산더에게 답장해 보세요.

> ### 할 수 있어
>
> **어떤 활동이나 일을 잘 해낸 경험이 있나요?**
>
> 예) 피아노를 열심히 연습해서 대회에서 완벽하게 연주했어요.
> ·
> ·
>
> **가장 잘하는 것은 무엇인가요?**
>
> 예) 달리기
> ·
> ·
>
> **위의 일을 잘하는 나만의 비법은 무엇인가요?**
>
> 예) 팔을 높게 올리고 하늘을 난다고 생각하면, 빠르게 달릴 수 있어요.
> ·
> ·

미션 평가 미션을 잘 해결했는지 평가해 보자

세 번째 미션을 잘 해결했는지 스스로 평가해 보세요.

평가 문항	매우 아니다	아니다	그저 그렇다	그렇다	매우 그렇다
1. 중·단기 목표와 장기 목표를 구분할 수 있나요?					
2. 우선순위를 정해서 시간을 잘 활용할 수 있나요?					
3. 나의 성공 경험을 이야기할 수 있나요?					
4. 세 번째 미션에 흥미를 가지고 참여했나요?					
5. 세 번째 미션에 최선을 다하여 참여했나요?					

미션 완성 보석을 확인해 보자

활동을 해결하고 획득한 동기 보석을 활동 키워드에 맞게 붙여 보세요.

장기 목표   시간 활용   실패 다스리기   우선 순위   성공 경험

활동을 모두 해결하면 동기 보석 5개를 모을 수 있어요. 보석을 모두 획득하면, 세 번째 미션 칸에 미션 완성 도장을 찍어요! 보석을 모두 획득하지 못했으면, 그 활동으로 돌아가서 다시 학습해요.

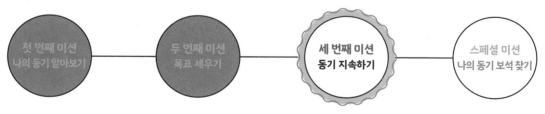

첫 번째 미션 나의 동기 알아보기 — 두 번째 미션 목표 세우기 — 세 번째 미션 동기 지속하기 — 스페셜 미션 나의 동기 보석 찾기

활동을 해결하면서 모은 동기 보석을 모두 붙여 보세요!

스페셜 미션 나의 동기 보석 찾기

마스터 송

3가지 미션을 모두 해결하다니 대단해요. 앞의 미션을 완료한 대원에게 주는 마지막 스페셜 미션은 '나의 동기 보석 찾기'예요. 알렉산더 플레밍과 함께 알아본 동기를 떠올리며 나의 동기를 완성해 보세요!

탐구 활동

알렉산더의 동기를 알아보자

감성 활동

알렉산더에게 공감하며 명언 카드를 완성해 보자

창의 활동

'만약 내가 알렉산더라면?' 상상해 보자

알렉산더의 동기를 정리하고, 나의 동기 보석 찾기로 연결해 보세요. 내가 진정으로 하고 싶은 일이 무엇인지 깊이 고민하면서 마음속 깊이 숨어 있는 나의 동기를 찾아보세요. 나의 동기가 세상에서 가장 소중한 나만의 보석이에요.

주도성 활동

나의 동기를 찾아보자

향상 활동

동기 프로그램을 만들어 보자

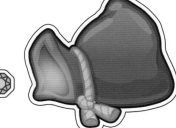

알렉산더를 인터뷰하고 있어요. 인터뷰를 읽고, 빈칸에 들어갈 대답을 이야기해 보세요.

안녕하세요, 알렉산더 교수님. 교수님께서는 인류 최초의 항생제인 페니실린을 발견해 많은 생명을 구하셨는데요. 페니실린은 어떻게 발견하신 건가요?

저는 오랜 시간 세균을 연구했습니다. 연구하면서 배양해 놓은 여러 실험 접시 중 하나에서 푸른곰팡이를 발견했습니다. 푸른곰팡이에서 추출한 물질로 실험과 연구를 거듭한 결과, 사람에게 피해를 주지 않고 몸속 세균을 없애는 페니실린을 발견할 수 있었습니다.

정말 대단하세요. 오랜 시간 세균을 연구하신 동기는 무엇인가요?

그렇군요. 인터뷰 정말 감사드립니다. 마지막으로 교수님의 성공 비결은 무엇이었는지 한마디 해 주십시오.

제 성공 비결은 관찰한 것을 흘려버리지 않고 끊임없이 대상을 추적한 것입니다. 저는 여러분이 원하는 바를 끈질기게 좇아 꿈을 이루길 바랍니다. 감사합니다.

감성 활동 알렉산더에게 공감하며 명언 카드를 완성해 보자

알렉산더의 명언 이야기를 읽고, 빈칸에 알맞은 말을 써 보세요.

중요한 것은
⑦ 이 좋다고 해서
꼭 좋은 ④ 를
얻는 것은 아니다.

한 친구가 알렉산더의 연구실을 방문하고 깜짝 놀라며 말했습니다.

"이렇게 허름한 연구실에서 페니실린을 만들었다니…. 만약 자네가 좀 더 좋은 연구실에서 연구했다면 더 엄청난 발견을 했을 거네."

그러자 알렉산더는 빙그레 웃으면서 대답했습니다.

"그렇다면 나는 아무것도 발견하지 못했을 거네. 오히려 이 열악한 연구실이 페니실린을 발견하게 해 주었다네. 창틈으로 날아온 곰팡이가 바로 페니실린의 재료가 되었지. 중요한 것은 환경이 좋다고 해서 꼭 좋은 결과를 얻는 것은 아니라네."

⑦ : [   ]   ④ : [   ]

나의 동기 미션 달성률(%) | 20% | 40% | 60% | 80% | 100%

알렉산더는 하고 싶은 일을 좇아 내재적 동기를 발현했어요. 만약 알렉산더가 무슨 일을 하고 싶은지 고민하지 않았다면 어떻게 되었을지 써 보세요.

알렉산더는 학교를 졸업하고 나서도 미래에 대한 확실한 목표가 없었어요. 선박 회사에서 일하면서도 지루해 하고, 무엇을 하고 싶은지 늘 고민했지요. 하지만 형과의 대화에서 다친 양을 치료해 주고 싶어했었던 자신의 꿈을 깨닫고, 새롭게 진로를 정해서 의학 공부를 시작할 수 있었어요. 그리고 대학에서 의학 공부에 흥미를 느끼면서 더 깊이 나아갈 수 있었지요.

아래와 같은 상황에서 내가 알렉산더라면 어떻게 했을지 써 보세요.

1914년 7월, 제1차 세계 대전이 일어났어요. 독일 군대는 프랑스의 수도인 파리 코앞까지 진격했지만, 영국이 가세한 연합군의 거센 저항에 막혀 더 전진하지 못했고 참호 속에 숨어 서로 총격전만 반복하는 전투가 이어졌어요. 비위생적인 참호 속에서 지내는 군인들의 건강은 날로 나빠졌고, 다친 군인들은 치명적인 세균에 감염되었지요. 이곳에 의사로 파견된 알렉산더는 많은 군인이 세균에 감염되어 죽는 것을 보았어요.

주도성 활동 나의 동기를 찾아보자

알렉산더의 머릿속은 치료제를 개발하는 일로 가득했어요. 나의 머릿속은 어떤 생각으로 가득한지 빈칸에 써 보세요.

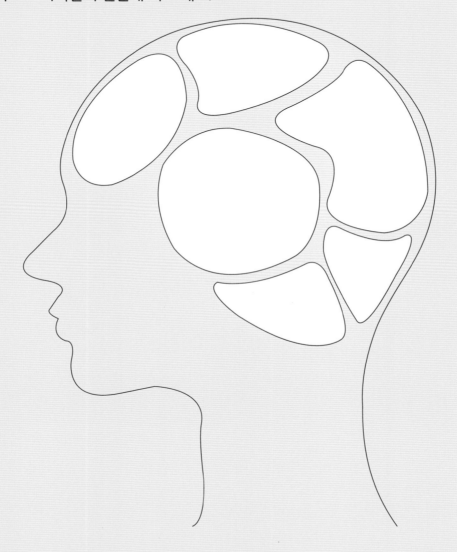

나의 머릿속을 가득 채운 일 중 하나를 골라 이것을 하게 하는 힘은 무엇인지 이야기해 보세요.

동기 프로그램을 만들어 보자

미션을 해결하면서 알렉산더와 나의 동기를 찾고, 목표를 세워 동기를 기르고 유지했어요. 앞의 문제들을 참고해서 동기를 찾거나 키울 수 있는 동기 프로그램을 직접 만들어 보세요.

프로그램 이름	
목적	
효과	
설명	

내가 만든 동기 프로그램을 친구나 가족과 함께 해 보세요.

미션 평가 미션을 잘 해결했는지 평가해 보자

스페셜 미션을 잘 해결했는지 스스로 평가해 보세요.

평가 문항	매우 아니다	아니다	그저 그렇다	그렇다	매우 그렇다
1. 알렉산더의 동기를 말할 수 있나요?					
2. 나의 동기를 이야기할 수 있나요?					
3. 나만의 동기 프로그램을 만들 수 있나요?					
4. 스페셜 미션에 흥미를 가지고 참여했나요?					
5. 스페셜 미션에 최선을 다하여 참여했나요?					

미션 완성 미션을 확인해 보자

활동을 모두 해결하면 스페셜 미션 칸에 미션 완성 도장을 찍어요! 활동을 모두 해결하지 못했으면, 그 활동으로 돌아가서 다시 학습해요.

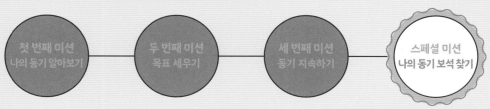

첫 번째 미션
나의 동기 알아보기

두 번째 미션
목표 세우기

세 번째 미션
동기 지속하기

스페셜 미션
나의 동기 보석 찾기

이 단원에서 해결한 동기 미션을 떠올리며, 나의 자생력은 무엇인지 이야기해 보세요. 자생력은 인공지능과 다른 인간만의 고유한 특성으로, 스스로 주도해서 자아실현의 길로 나아가는 힘이에요. 나를 스스로 움직이게 하는 힘은 무엇인가요?

나의 동기 미션 달성!

* 알렉산더 플레밍과 함께 동기를 알아보았어요. 알렉산더와 같은 위인이 아무것도 하지 않는 바이러스에 걸린다면 어떤 일이 일어날까요? 직접 위인이 되어 역할극을 하면서 위인의 마음을 생각해 보세요.

* '세계 위인을 만나는 자생력 UP 동기 이야기'에서는 다윈, 레이철, 링컨이 위인 세계에 모여서 동기와 관련된 이야기를 나누고 문제를 해결해 나가요. 이는 허구적인 내용을 바탕으로 '위인은 동기를 어떻게 학습할까?'에 대해 상상하여 쓴 창작 대본이에요.

세계 위인을 만나는

자생력 UP

동기
이야기

위인이 되어 역할극을 해 보자!

등장인물

마스터 송

생애 : 미스터리

국적 : 한국

직업 : 아이들이 미션을 해결하는 데
도움을 주는 안내자

찰스 다윈

생애 : 1809~1882년

국적 : 영국

직업 : 생물학자

주요 업적 : 진화론의 토대를 세우고 《종의 기원》,
《비글호 항해기》를 씀.

위인 이야기

오늘날 다윈의 진화론은 사회 곳곳에 영향을 미치고 있지만,
어린 시절 다윈은 공부에는 흥미가 없고, 동물과 식물만 찾아
다녔어요. 적성과 맞지 않는 의대에서 뛰쳐나와 방황하던 다
윈은 탐사선 비글호에 올라 세계의 자연 현상을 관찰
했어요. 그리고 생물의 종에 관해 연구한 끝에
진화론의 토대를 세울 수 있었지요.

레이철 카슨

생애 : 1907~1964년

국적 : 미국

직업 : 작가, 해양 생물학자

주요 업적 : 《우리를 둘러싼 바다》, 《바닷가》, 《침묵의 봄》을 씀.

📖 위인 이야기

어린 시절, 바다를 상상하며 꿈을 키웠던 레이철 카슨. 자연을 사랑한 소녀의 마음은 과학을 공부하며 자연과 인간이 연결되어 있다는 깨달음으로 이어졌어요. 레이철은 환경 파괴를 지속하던 사람들에게 자연이 없이는 인간의 행복도 없다는 진실을 처음으로 일깨웠지요.

에이브러햄 링컨

생애 : 1809~1865년

국적 : 미국

직업 : 변호사, 정치인

주요 업적 : 제16대 미국 대통령, 노예 해방을 선언하고,
남북 전쟁을 종식시킴.

📖 위인 이야기

링컨은 가난한 농부의 아들로 태어나 집안일을 돕느라 겨우 글공부를 마쳤어요. 하지만 타고난 성실함과 정직함으로 주위 사람들에게 인정받았고, 열심히 공부해서 능력 있는 변호사이자 정치인이 되었지요. 그는 노예로 살며 고통받는 흑인들의 삶을 안타까워했고, 결국 이를 해결하고자 대통령의 자리에 올랐어요.

평화로운 위인 세계에는 여러 위인이 모여 자신의 꿈을 이루기 위해 노력하며 살고 있다. 그러던 어느 날, 갑자기 위인 세계에 MOVID - 01 (motive virus disease - 01번)이 퍼지고 그 영향으로 위인들은 의욕을 잃은 채 아무것도 하지 않고 모든 일을 귀찮아한다. 마침 같이 토론 중이었던 레이철과 링컨은 재난 문자를 확인하고 둘 다 바이러스에 걸리지 않았다는 것을 알게 된다. 그리고 두 사람은 바이러스를 해결하기 위해 다른 친구들을 찾아 나선다.

역할극 대본

똑! 똑! 똑똑!
레이철과 링컨이 자고 있는 다윈의 집 문을 두드린다.

레이철

(다급하게) 다윈, 빨리 일어나. 큰일 났어!

다윈

(잠이 덜 깬 목소리로) 아침부터 무슨 일이야?

링컨

(큰 소리로) 밖이 너무 조용하지 않아?
지금 마을에 바이러스가 퍼졌다고!

다원

(놀라며) 뭐? 난 아무렇지도 않은데?

레이철

후유, 다행이다. 다원, 밖을 좀 봐. 학교에 가는 학생들도, 뛰노는 아이들도, 연구하는 사람들도 없어.

다원

(황급히 문을 열며) 정말 마을에 아무도 없네. 대체 무슨 일이 일어난 거야?

링컨

마을에 동기를 없애는 바이러스가 퍼졌어. 너도 스마트폰에 재난 문자가 왔을 거야.

다원이 당황하며 스마트폰으로 재난 문자를 확인한다.

재난 문자

3월 2일 10시, 위인 세계에 'MOVID - 01'이 발생했습니다. MOVID - 01은 사람이 가진 동기를 없애는 바이러스로, 감염되면 동기를 잃어 모든 일이 하기 싫어집니다. 모두 신속하게 안전한 곳으로 대피해 주시기를 바랍니다.

다원

(눈이 커지며) 동기를 없앤다고?

역할극을 따라 하면서 동기를 학습할 수 있어요.

레이철 그래. 너희 집으로 오면서 다른 친구들을 봤는데, 다들 아무것도 하고 싶어 하지 않았어. 내 생각에는 이 주변에서 우리 셋만 무사한 것 같아.

다원 (심각한 표정으로) 정말? 그런데 우리는 왜 감염되지 않은 거야?

링컨 잘 모르겠어. 하지만 감염되지 않은 우리가 힘을 합쳐 친구들을 구해야 하는 건 분명해!

다원 (힘없는 목소리로) 우리 셋이서 가능할까?

레이철 (축 처진 목소리로) 그러게, 생각보다 감염된 친구들이 너무 많아.

그때, 창밖에서 마스터 송이 돋보기로 이들을 관찰한다.

다원 (놀라며) 으악!

레이철 (눈이 커지며) 깜짝이야!

마스터 송 (한 명씩 살펴보며) 자, 보자 보자…, 거기 셋! 바이러스 면역자군요?

다원 (창문을 열며) 누구세요?

링컨

(놀란 목소리로) 다윈, 함부로 창문을 열면 어떡해!

마스터 송

괜찮아요. 저는 마스터 송! 바이러스를 없앨 수 있게 여러분을 도와줄 안내자입니다.

다윈

(궁금한 표정으로) 마스터 ~ 송?

링컨

(다급하게) 정말 바이러스를 없앨 수 있나요?

레이철

바이러스를 없애는 방법이 무엇인가요?

마스터 송

자, 진정해요. 바이러스에 걸린 친구는 만나 보았나요?

링컨

네, 활발하고 열정적이던 친구가 움직이기조차 싫어하고 있어요. 혹시 바이러스에 걸리면 움직임이 느려지나요?

마스터 송

음, 비슷하지만 단순히 행동만이 문제는 아닙니다. MOVID - 01에 감염되면, 어떤 행동을 하고 지속하는 힘! 바로 '동기'를 잃게 됩니다. 동기가 있어야 하고 싶은 일을 하고, 자아실현으로 나아갈 수 있습니다.

역할극을 따라 하면서 동기를 학습할 수 있어요.

레이철

(고개를 끄덕이며) 그래서 모두 의욕이 없었군요. 친구들은 생각보다 더 심각한 바이러스에 걸렸네요.

다원

(울먹이며) 그럼 친구들은 이제 어떡해요?

마스터 송

바이러스를 치료하려면 감염된 친구들에게 동기를 찾아 주어야 합니다. 그리고 이 일을 할 사람은 여러분뿐입니다.

레이철

(당황하며) 저희 셋이요?

마스터 송

(단호한 목소리로) 네! 여러분은 앞에서 동기를 제대로 학습했기 때문에 바이러스에 면역이 생긴 것입니다. 특히 여러분은 내재적 동기를 가진 위인들이니 바이러스가 조금도 침투할 수 없었죠.

링컨

(자신 있는 표정으로) 내재적 동기라면 제가 어떤 일에 흥미를 느끼고 좋아서 그 일을 하는 마음을 말하는 거죠?

마스터 송

맞아요! 칭찬이나 보상만을 바라는 외재적 동기와는 반대되는 마음이죠. 내재적 동기는 마음에서 즐거움을 찾기 때문에 오래 집중할 수 있고 깨지지 않는 강한 동기예요. 평범한 사람이 위인이 되어 큰 업적을 남기는 것도 모두 강한 동기와 의지 덕분입니다.

다원

(고개를 끄덕이며) 아하! 내재적 동기가 정말 중요하네요.

레이철

그럼 친구들을 구하려면 어떤 일을 해야 하나요?

마스터 송이 가방에서 E-CLIP 책을 꺼낸다.

마스터 송

(친구들에게 책을 건네며) 자, 이걸 받으세요. 이 책으로 여러분이 학습한 동기를 친구들에게 전파해 주세요. 동기를 잃은 친구도 학습을 통해 동기를 일깨워 줄 수 있습니다. 지금 당장 바이러스를 없애고 친구들을 구해 주세요. 서둘러요. 어서!

다원

우아, 엄청난 일이잖아.

레이철

책을 떠올리면서 우리가 배운 동기를 친구들에게 알려 주고 친구들을 구하자!

링컨

좋았어, 가자!

역할극을 따라 하면서 동기를 학습할 수 있어요.

마스터 송

찰스 다윈

레이철 카슨

에이브러햄 링컨

※ E-CLIP 미션의 문제에는 여러 가지 답이 나올 수 있습니다. 본 미션 가이드는 참고용으로 활용하시길 바랍니다.

※ 교사용 개념과 지도 가이드가 포함된 교사용 PDF는 다산전인교육캠퍼스 홈페이지(www.dasaneducation.co.kr)에서 교사 인증 후 신청하실 수 있습니다.

1차시
18쪽
- (예시) 친구와 자전거를 타는 그림
- (예시) 친구와 함께 자전거를 타는 것이 재미있어서 자꾸 하고 싶기 때문이다.

19쪽
- 내재적 동기
- (예시) 부모님께 칭찬받기 위해 수학 공부를 열심히 했다. 이런 나의 행동은 외재적 동기에 의한 행동이다.

20쪽
- (순서대로) 유지, 유지, 외재적, 내재적

21쪽
- 밑줄 : 그래서 아픈 사람도, 아픈 동물도 모두 오래 살 수 있게 치료해 줄 거야. / 나는 친구들과 야구를 할 때 가장 즐겁고 행복하다. 그래서 더 잘하려고 야구를 열심히 배운다. 내 학습 동기는 야구를 좋아하는 마음이다.

22쪽
- (순서대로) 수동적 학습자, 능동적 학습자, 능동적 학습자, 수동적 학습자 / 나는 모둠 활동으로 친구들과 같이 답을 찾는 것이 재미있어서 모둠 활동에 적극적으로 참여한다. 따라서 나는 능동적 학습자이다.

2차시
26쪽
- 선호 : 평가 목표, 슬기 : 학습 목표

27쪽
- (문항 순서대로 목표 종류 구분) 평가 목표, 평가 목표, 평가 목표, 평가 목표, 학습 목표, 학습 목표, 학습 목표, 학습 목표, 학습 목표, 평가 목표

28쪽
- 스스로 통제 ○ : 노력, 스스로 통제 × : 능력, 과제 난이도, 운

29쪽
- (예시) 다음 영어 말하기 발표에서 선생님께 칭찬을 받기 위해 열심히 영어를 연습할 것이다. / 평가 목표
- (예시) 능력

30쪽
- (예시) 나의 장래 희망 : 수의사
장래 희망을 선택한 이유 : 반려동물이 아플 때 내가

치료해 주고 싶다.

꿈을 이루기 위한 노력 : 여러 동물들을 만나면서 특징을 알아본다. / 공부를 열심히 해서 수의사가 될 수 있는 학과에 진학한다.

3차시

34쪽

- (예시) 나의 꿈 : 경찰

꿈을 이루기 위한 목표 : 1. 내일부터 컴퓨터 게임을 하는 시간을 줄이겠다. / 단

2. 이번 주에는 학교 숙제를 빼먹지 않고 다 하겠다. / 단

3. 경찰이 될 수 있는 학교에 들어가겠다. / 장

4. 매일 아침 30분씩 달리기를 하겠다. / 단

5. 경찰 교육 훈련에서 1등을 할 것이다. / 장

35쪽

- (예시) 꿈나라, 아침 식사, 학교 갈 준비하기, 학교 생활, 친구들과 놀기, 영어·수학 학원, 저녁 식사, 게임하기, 숙제하기, 씻기, 준비물 챙기기 등을 시간 단위로 나눈 그림

- (예시) 친구들과 노는 시간을 줄이고 숙제하는 시간을 늘려야 한다. 학교 끝나고 집에서 숙제하는 시간을 살펴보니 1시간으로는 부족할 것 같다.

36쪽

- 밑줄 : 나는 단지 전구가 빛을 내지 않는 2,000가지 원리를 알아냈을 뿐입니다. / 에디슨은 전구를 발명하면서 겪은 실패들을 자신의 잘못으로 생각하지 않았다. 오히려 실패를 경험한 덕분에 빛이 나지 않는 이유를 알아낼 수 있었다고 생각했다. 그래서 실

패해도 포기하지 않고, 계속 연구할 수 있었다.

37쪽

- (예시) ① 중요하면서 긴급한 일 : 수학 숙제하기

② 중요하지만 긴급하지 않은 일 : 책 읽고, 독후감 쓰기

③ 중요하지 않지만 긴급한 일 : 오늘까지 할인하는 초코 우유 사기

④ 중요하지도 긴급하지도 않은 일 : 컴퓨터 게임하기

- (예시) 나의 시간을 방해하는 시간 도둑은 '컴퓨터 게임하기'다. 시간 도둑을 없애려면 컴퓨터 게임을 하는 시간을 정해 놓고 그 시간 동안만 해야 한다.

38쪽

- (예시) 매일 축구를 1시간씩 연습해서 어제 경기에서 골을 넣었어요. / 영어 말하기를 열심히 연습해 대회에서 동상을 받았어요.

줄넘기, 오카리나 연주하기

팔을 몸에 바짝 붙이고 가볍게 줄을 돌리면, 줄넘기를 많이 할 수 있어요. / 팔과 손가락에 힘을 주지 않고 입김을 불면, 쉽게 연주할 수 있어요.

4차시

42쪽

- 아픈 사람을 치료하는 것은 물론이고, 죽을 수도 있는 사람을 살리고 싶은 마음이었습니다.

43쪽

- ㉮ 환경, ㉯ 결과

44쪽

- (예시) 인류 최초의 항생제인 페니실린은 개발되지 못했을 것이다.
- (예시) 나라면 사람들을 치료하는 것을 포기하고 의사를 그만뒀을 것 같다.

45쪽

- (예시) 영상 시청하기, 강아지와 산책하기, 공부, 내 꿈에 대한 고민, 게임, 가족 등
- (예시) 강아지와 산책하기 / 집에 가면 산책을 하러 나가고 싶은 강아지가 나를 반긴다. 강아지와 산책하러 나가면 함께 뛰어노느라 시간 가는 줄 모르게 즐겁다. 이렇게 즐겁고 행복한 마음이 매일 강아지와 산책을 하게 이끈다.

46쪽

- **프로그램 이름** : 세 잎 클로버
목적 : 나의 동기 찾고 유지하기
효과 : 구체적인 목표를 통해 동기 지속하기
설명 : 클로버의 잎 3개를 그리고, 이 클로버의 빈칸에 3을 기준으로 목표를 세우는 동기 프로그램이다. 단기, 중기, 장기 목표를 세운다고 생각하고, 각 빈칸에 3일, 3개월, 3년 후의 내가 이루고 싶은 목표를 세운다. 그리고 그 목표를 이루기 위한 구체적인 계획을 써서 실천해 본다.

세계 위인과 함께 해결하는 E-CLIP 미션 대탐험

학습 만화 《who?》의 세계 위인과 함께 미션을 해결하는
12권의 '감성적 창의 주도성' 향상 프로그램!

E-CLIP 구성

권	주제	각 권 대표 위인	이야기 속 위인
1	동기	알렉산더 플레밍	에이브러햄 링컨, 찰스 다윈, 레이철 카슨
2	인지	레이철 카슨	레오나르도 다빈치, 리처드 파인먼, 마리아 몬테소리
3	인지 심화	마리아 몬테소리	토머스 에디슨, 오리아나 팔라치, 루트비히 판 베토벤
4	동기 심화	루트비히 판 베토벤	마하트마 간디, 버지니아 울프, 정약용
5	몰입	정약용	하인리히 슐리만, 아멜리아 에어하트, 헬렌 켈러
6	자아존중감	헬렌 켈러	알베르트 슈바이처, 신사임당, 스티브 잡스
7	창의성	스티브 잡스	헬렌 켈러, 알렉산더 플레밍, 스티브 잡스
8	창의성 심화	알베르트 아인슈타인	스티브 잡스, 레이철 카슨, 알베르트 아인슈타인
9	감성	마더 테레사	알베르트 아인슈타인, 루트비히 판 베토벤, 마더 테레사
10	감성 심화	월트 디즈니	마더 테레사, 정약용, 월트 디즈니
11	사회성	세종 대왕	월트 디즈니, 마리아 몬테소리, 세종 대왕
12	사회성 심화	마하트마 간디	세종 대왕, 마하트마 간디

* E-CLIP / 대상 초등학교 전 학년 / 책 크기 200 X 260 / 각 권 쪽수 70쪽 내외
* who? / 대상 초등학교 전 학년 / 책 크기 188 X 255 / 각 권 쪽수 180쪽 내외